BEI GRIN MACHT SICH IHR WISSEN BEZAHLT

- Wir veröffentlichen Ihre Hausarbeit, Bachelor- und Masterarbeit

- Ihr eigenes eBook und Buch - weltweit in allen wichtigen Shops

- Verdienen Sie an jedem Verkauf

Jetzt bei www.GRIN.com hochladen und kostenlos publizieren

Alexander Uhlig

Das Leben des Paul Scheerbart: Zwischen Genius und Alkohol im wilhelminischen Militärstaate

GRIN Verlag

Bibliografische Information der Deutschen Nationalbibliothek:

Die Deutsche Bibliothek verzeichnet diese Publikation in der Deutschen Nationalbibliografie; detaillierte bibliografische Daten sind im Internet über http://dnb.d-nb.de/ abrufbar.

Dieses Werk sowie alle darin enthaltenen einzelnen Beiträge und Abbildungen sind urheberrechtlich geschützt. Jede Verwertung, die nicht ausdrücklich vom Urheberrechtsschutz zugelassen ist, bedarf der vorherigen Zustimmung des Verlages. Das gilt insbesondere für Vervielfältigungen, Bearbeitungen, Übersetzungen, Mikroverfilmungen, Auswertungen durch Datenbanken und für die Einspeicherung und Verarbeitung in elektronische Systeme. Alle Rechte, auch die des auszugsweisen Nachdrucks, der fotomechanischen Wiedergabe (einschließlich Mikrokopie) sowie der Auswertung durch Datenbanken oder ähnliche Einrichtungen, vorbehalten.

Impressum:

Copyright © 2009 GRIN Verlag GmbH
Druck und Bindung: Books on Demand GmbH, Norderstedt Germany
ISBN: 978-3-640-78403-5

Dieses Buch bei GRIN:

http://www.grin.com/de/e-book/158178/das-leben-des-paul-scheerbart-zwischen-genius-und-alkohol-im-wilhelminischen

GRIN - Your knowledge has value

Der GRIN Verlag publiziert seit 1998 wissenschaftliche Arbeiten von Studenten, Hochschullehrern und anderen Akademikern als eBook und gedrucktes Buch. Die Verlagswebsite www.grin.com ist die ideale Plattform zur Veröffentlichung von Hausarbeiten, Abschlussarbeiten, wissenschaftlichen Aufsätzen, Dissertationen und Fachbüchern.

Besuchen Sie uns im Internet:

http://www.grin.com/

http://www.facebook.com/grincom

http://www.twitter.com/grin_com

Gliederung

1. Einleitung	S. 2
1.1 Aufbau	S. 3
2. Scheerbarts Schaffen	S. 4
2.1. Positive Kritik	S. 4
2.2. Negative Kritik	S. 6
3. Paul Scheerbart. Antimilitarist und Pazifist	S. 8
3.1. Epochale Begleitumstände	S. 8
3.2. Scheerbarts Gesellschaftskritik am Beispiel des Romans	
„Die große Revolution"	S. 10
3.2.1. Demokratie	S. 12
3.2.2. Kunst und Kultur	S. 13
3.2.3. Militarismus	S. 14
4. Exkurs: Glasarchitektur	S. 18
5. Schlussbetrachtung	S. 20
6. Literatur	S. 22
7. Anhang	S. 24
I. Werke	S. 24

1. Einleitung

„Charakter ist nur Eigensinn. Es lebe die Zigeunerin". Das Zitat war einer der liebsten Aussprüche Ernst Rowohlts, dem Gründer des Rowohlt Verlages und es ging ihm zeit seines Lebens mit Frohsinn über die Lippen. Es stammt aus einer Gedichtsammlung, an die sich kaum jemand erinnert, von einem Dichter, über dessen Name jeder Literaturstudent im Laufe seines Studiums stolpert, ihn aufschnappt, einordnet und meist vergisst. Es sei der Ehre halber aber auch erwähnt, dass eben jener Berliner Schriftsteller und Bohemien schon zu seinen Schaffenszeiten wenig literarischen Erfolg feiern konnte: die Rede ist von Paul Scheerbart, das Buch heißt Katerpoesie (1909).

Dabei hat Scheerbart, der auch unter dem Pseudonym Bruno Küfer schrieb, es zu Lebzeiten zu einigem Ruhm gebracht. Mit seiner fantastischen Literatur, die meist in den Weiten des Universums angesiedelt ist, gilt er als Vorläufer der Expressionisten und Dadaisten, entwarf lange vor Kandinsky abstrakte Theaterstücke und zählte neben Ernst Rowohlt auch Erich Mühsam, Walter Benjamin, Herwarth Walden und Richard Dehmel zu seinem Bekannten- und Freundeskreis. Über 30 Bände mit Gedichtsammlungen bis hin zu kompletten Romanen hat er zu seinen Lebzeiten veröffentlicht. Dennoch blieb Scheerbart allzeit ein Außenseiter, u.a. beschäftigt mit skurrilen Ideen wie der Erfindung des Perpetuum mobile, mit dem er seinen chronischen Geldmangel beheben und auf einen Schlag Multimillionär werden wollte. So berichtet etwa Erich Mühsam in seinen Erinnerungen: „Perpeh nannte er sein Werk, und ich bekam Postkarten aus München mit dem Postskriptum: Perpeh läßt Dich schön grüßen. Einmal teilte mir Scheerbart mit: „Perpeh ist fertig; es bewegt sich nur noch nicht"[1].

Paul Scheerbarts Lebensgeschichte liest sich allgemein wie eine Geschichte des Scheiterns. Eine vom Tod beider Eltern überschattete Kindheit, eine von Misserfolgen geprägte, vorzeitig abgebrochene Schulkarriere, danach die mehrjährige, entbehrungsreiche Suche nach einer beruflichen Perspektive und auch nach dem Finden seiner dichterischen Profession ein Leben am Existenzminimum in Berlin. Aus Geldmangel begnügte er sich oft mit Brot und Salz, der Alkohol- und Tabakkonsum kam jedoch nie zu kurz. An bierreichen Abenden im „Schwarzen Ferkel" oder dem „Café des Westens" nahm er seine

---

[1] Mühsam. In: Schardt/ Steffen 1996, 139f.

Zuhörer mit auf astrale Spaziergänge zu fremden Sternenwelten, wo er mit spitzem Witz seine fiktiven Königreiche erbaute.

„Visionären Dichter" nannten ihn die Einen, der mit seinem weltumspannenden Humor gesellschaftliche Missstände thematisiere. Als untalentierten „skurrilen Literaturclown" diffamierten ihn die Anderen, dem jegliches Verständnis für literarische Form und Tiefe fehle. Worin sind die Gründe zu suchen, dass Paul Scheerbart zwar viel belächelt, aber nach wie vor wenig gelesen wird? Pflegte Scheerbart einen bewusst banalen Schreibstil? Oder vermengte er in seinen Werken alles, was ihm gerade durch den verwirrten Kopf ging? Waren seine fantastischen Romane eine Art schriftstellerischer Protest an geltenden gesellschaftlichen Normen und Institutionen? Oder schrieb er aus Bierlaune entstandene Fiktionen nieder? Flüchtete er sich lediglich mit Hilfe des Alkohols aus seiner persönlichen Lebenslage? Oder war es ein pazifistisches Weltverständnis, das ihn an der Realität verzweifeln ließ?

1.1 Aufbau

Um Antworten auf die eben gestellten und sich eventuell weiter ergebende Fragen zu finden, wird sich diese Arbeit zunächst mit einer Kritik des scheerbart´schen Werkes beschäftigen. Die Kritik soll helfen, einen Überblick über positive wie negative Aspekte zu Scheerbart zu gewinnen. Ebenso soll sie der eigenen Meinungsbildung und Werksübersicht dienen. Anschließend wird der historische Kontext nach politischen und sozialen Gesichtspunkten beleuchtet. Dabei werden Ursprung, Antrieb und Zweck der fantastischen Satiren Scheerbarts offen gelegt. Den Schwerpunkt der Arbeit bildet eine Analyse des Romans „Die große Revolution" (1902), anhand derer die gesellschaftlichen Kritikpunkte Scheerbarts herausgearbeitet werden, die in vielen seiner Werke wiederkehren. Den abschließenden Punkt bildet ein Exkurs über die architektonischen Visionen Scheerbarts, der kurz seine geistesgeschichtliche Stellung für jene Epoche markieren soll. Diese Arbeit setzt sich zum Ziel, ein klares Bild des Schriftstellers Paul Scheerbart zu zeichnen, an dem sich gewöhnlich die Geister scheiden.

2. Scheerbarts Schaffen

2.1. Positive Kritik

Paul Scheerbart gehört zu den merkwürdigsten und kreativsten deutschen Schriftstellern der Jahrhundertwende. Selten hat sich einer von ihnen derart konsequent gegen geltende literarische Normen und Entwicklungen gewehrt wie der am 8. Januar 1863 in Danzig geborene Sohn eines Zimmermanns. Seine Romane, Kurzgeschichten, Theaterstücke und Gedichte haben so manchen Literaturkritiker seiner Epoche schlichtweg überfordert. Seine Werke galten allgemein als form- und konzeptionslose Produkte einer ungezügelten Fantasie, als groteskes Unkraut, Kaffeehausliteratur die in keine Schublade passt. Wohl auch deshalb blieb Scheerbart der wirtschaftliche Erfolg stets versagt, obwohl seine Bücher zum Teil in den renommiertesten Verlagshäusern der damaligen Zeit erschienen. Dennoch erfreute sich Scheerbart auf der anderen Seite eines namhaften und getreuen Leserzirkels. Er veröffentlichte regelmäßig in den bekanntesten zeitgenössischen Zeitschriften wie der „Gesellschaft", im „Pan" oder im „Sturm". Paul Fechter würdigte Scheerbarts literarische Bedeutung gar in seiner „Geschichte der deutschen Literatur" (1938).

Die Wurzeln von Scheerbarts Phantastik hat man in seiner Lebenserfahrung und seinen Lebensumständen auszumachen versucht. Die Geschichte vom armen Poeten war geboren, der in einem Verschlag wohnt und an Fischgräten nagt; der sich, angewidert von einer materialismushörigen Welt, verzweifelt und verbittert über die Engstirnigkeit des Spießbürgertums, regelmäßig mit der nötigen Menge Bier aus der Wirklichkeit stiehlt und in seiner Literatur in fantastische Welten flüchtet; der in seinen Geschichten alles Irdische und selbst den Tod hinter sich lässt. Begünstigt wurden solcherlei Ansichten noch zusätzlich durch des Dichters eigenes Zutun – er äußerte sich nämlich kaum zur eigenen Person. Selbst Kenner jener Literaturszene dürfte es überraschen, dass Paul Scheerbart über zehn Jahre hinweg als Journalist und Kunstkritiker in Königsberg, Wien, Leipzig, Halle und München arbeitete. 1887 zog er schließlich nach Berlin, wie viele zugereiste Malerpoeten war auch er kein „Waschechter".

In Berlin wurde zwei Jahre später sein erstes Buch „Das Paradies. Die Heimat der Kunst" veröffentlicht. Scheerbart illustrierte es selbst, wie übrigens viele seiner Werke.[2] In seinem Erstwerk meinte er, ein „allseitiges Künstlerleben zur Darstellung zu bringen" und „die

---

[2] Vgl. hierzu die Zeichnungen Scheerbarts der Jenseitsgalerie (1906).

Sprache so zu handhaben, wie der Maler die Farben". Liest man die Beschreibungen von Tropfsteinpalasten oder Schneelandschaften im Paradies, könnte man durchaus geneigt sein, dem Dichter zuzustimmen: es entspinnt sich ein äußerst skurril wirkender, bunter Mix aus Alltagssprache, Onomapoetika, unnatürlich wirkenden Wortkompositionen und -schöpfungen. Tatsächlich wandert sein Erstling beständig zwischen Vers und Prosa. Wie in vielen seiner Werke werden Kurzprosastücke in einen Rahmen gestellt, der eine (Schein-)Interpretation der Stücke liefert, meist aber eher Verwirrung stiftet. Und auch die scheinbare Willkür der Sprache trägt nicht unbedingt zum Verständnis der Geschichte des Buches bei, die von der Reise einer teuflischen Gesellschaft zum Paradies erzählt. Scheerbart selbst strebte darin eine Sprachpoesie an, welche mit Hilfe der Phantastik den damals vorherrschenden Realismus in der Literatur ablehnen sollte.[3]

1892 gründete er den „Verlag deutscher Phantasten", der im darauf folgenden Jahr sein Wunderfabelbuch „Ja...was...möchten wir nicht Alles" veröffentlichte. Es enthält sieben inhaltlich sehr verschiedene Kurzgeschichten, die, gleich Fabeln, märchenhaft oder utopisch wirkende Handlungen präsentieren, wobei die Grundgedanken Scheerbarts sicherlich schwieriger herauszufiltern sind als die eines Äsop. Schon allein die typisch scheerbart´schen umgangssprachlichen Redewendungen, abstruse Wortschöpfungen und persönliche Eigenarten, machen ein Verständnis beim ersten Lesen so gut wie unmöglich. Bei genauerem Hinsehen kann der Leser aber die ironischen und satirischen Reflektionen über den Verlust der Harmonie in der Welt erkennen und „zu der Erkenntnis gelangen, daß der Mensch erst dann von seinen verzehrenden Wünschen befreit sein wird, wenn die Welt vollendet und vollkommen ist [...]"[4]. Ab etwa 1895 widmet sich Scheerbart dann ganz dem dichterischen Schaffen.

1897 erscheint „Ich liebe dich", eine Variation von „Tausendundeine Nacht". Darin liest der Ich-Erzähler Paul Scheerbart dem Rechtsanwalt Egon Müller im Verlauf einer Eisenbahnreise nach Russland die 66 Intermezzos seines Romans „Ich liebe Dich" vor. Der Roman soll von der Fahrt des Schriftstellers mit dem Rechtsanwalt und den dabei vorgetragenen Intermezzos handeln – ein work in progress also, in dessen Verlauf der Erzähler seinem Mitreisenden in zahllosen durchzechten Nächten auf der Tasche liegt, um letztlich sogar auf dessen Kosten weiterzureisen. In bester Scheherazade-Manier hält er den Anwalt während der Fahrt mit seinen Geschichten bei Laune.

---

[3] Vgl. Müller-Holm. In: Kaltefleiter 1998, 27f.
[4] Vollmer 1988. In: Kaltefleiter 1998 37.

Im fast gleichzeitig erschienen Roman „Na Prost! Ein phantastischer Königsroman" lässt Scheerbart dann sogar die Welt explodieren. Das ist jedoch nicht weiter tragisch, können sich doch drei asiatische Germanisten mit Hilfe einer achtkantigen Flasche retten. Nun fliegen die drei durchs Weltall und diskutieren über Sinn und Zweck der Geschichten eines Autors, der ihnen gänzlich unbekannt ist (natürlich Paul Scheerbart). Die Handlung des Romans wird von einer Gelehrtensatire eingerahmt: von der feuchtfröhlichen Diskussion über die Frage, was der Autor eigentlich sagen wollte, die immer wieder ergebnislos im Ausspruch „Na Prost" endet. Die Drei erfahren im Laufe der Handlung eine Veränderung, in ihnen kommen die Empfindungen einer achtkantigen Flasche auf, bis sie wie die selbst Flasche denken und letztlich Bestandteil eines neuen Weltkörpers werden, der den Sternen zugewandt ist. Natürlich kommt eine Parodie auf die damalige Literaturkritik nicht zu kurz, wenn die drei Gelehrten jedes der Prosagedichte entweder moralistisch, politisch oder sozialkritisch deuten müssen.

1902 erschien „Die große Revolution. Ein Mondroman". Es ist die skurrile Verarbeitung eines Themas, das heute aktueller ist denn je: die Erhaltung des Friedens. Das Scheerbarts Werk vielfach als fantastische Posse eines gesellschaftlichen Außenseiters abgetan wurde, ist zum einen wohl dem eigenwilligen Stil des „humorvollsten Phantasten und phantasievollsten Humoristen der deutschen Literatur"[5] zuzuschreiben. Andererseits war Paul Scheerbart Opfer seiner Zeit, er war entschiedener Kriegsgegner und nach Einschätzung von Anselm Ruest der „damals einzige wirkliche und echte Friedensapostel in Europa"[6]. Dass die Gesellschaft dem Thema Antimilitarismus noch knapp zwölf Jahre zuvor durchaus zugänglich war, bewies Bertha von Suttner mit „Die Waffen nieder!". Unbestreitbar ist jedoch das pazifistische Anliegen Scheerbarts, mit dem er sich eindeutig als Antimilitarist bestätigt. Er führt den Leser auf den Mond, dessen weise Bewohner sich von dem komischen Planeten Erde verächtlich abwenden, da dessen Völker nicht im Stande sind, „den blamablen Militarismus zu zerbrechen".

2.2 Negative Kritik

So wie es die fortschrittlichen Fürsprecher Scheerbarts gab, die seine Werke in positivem Licht sahen und dem eigenwilligen Stil des Autors Genialität bescheinigten, so gab es auch

---

[5] Mühsam 1949. In: Schardt/ Steffen 1996, 138.
[6] Anselm Ruest, zitiert nach: Kasties 1997, 138.

mehr als genügend Kritiker, die ihn als konzeptionslosen Spinner und seine Werke als grotesken Unsinn abtaten. An Hand von Scheerbarts „Rakkox. Der Billionär" (1901) bescheinigt Carl Busse ihm gequälte Witze und gehaltlose Phantastereien eines untalentierten Eigenbrötlers. Der Roman beginnt verheißungsvoll, doch verflacht er schon nach dem ersten Absatz und man fragt sich eher geängstigt als gespannt, wohin die Geschichte noch führen mag. Scheerbart greift verschiedene Ideen auf, spricht u.a. von der militärischen Verwendung von Tieren und der Bedeutung der U-Boote in einem „Kalten Krieg". Jedoch fehlt der Zusammenhang. So abrupt, wie Scheerbart neue Ideen aufgreift, kommt auch das Ende des Romans, das eine abschließende Aussage vermissen lässt. Den tieferen Sinn, der sich zweifelsohne stellenweise im Roman versteckt, mag Busse nicht sehen. Die Kritik am neureichen Bourgeoistyp und der duldenden Arbeiterschaft wird verwässert, durch allerlei gequirlten Weltwitz. Insofern behält Busse Recht, wenn er Scheerbarts Idee der „Internationalisierung der Länder" durch Rassenvermischung zum Zwecke des Friedens als geistlose Zirkuskunst abfertigt.[7] Die Herausbildung von Subkulturen in einer Gesellschaft hatte Scheerbart jedenfalls nicht im Blick. Selbst Scheerbart-Anhängern wie Mechthild Rausch bleibt nicht verborgen, dass der Dichter fast immer über das Ziel seiner satirischen Kritik hinausschießt und sich in Absurditäten und Klamauk verfängt.[8] Die 1904 erschienenen Stücke der „Revolutionären Theaterbibliothek" sind, typisch Scheerbart, offenbar als Gesellschaftssatire konzipiert: Ideologie und Institutionen des wilhelminischen Bürgertums sind Zielscheiben seines Spottes. Doch fehlt es den Angriffen auf Militär, Ehe, Profitgier, Beamtenstaat und Machtstreben an Treffsicherheit und Aussagekraft. Georg Hermann hält den Schriftsteller, trotz allem scheinbaren Ideenreichtums für geistig arm, billige Geschichten eines sich ständig wiederholenden, formlosen Akrobaten.[9] Die in vielen Werken Scheerbarts herrschende Formlosigkeit macht ihn immer wieder anfällig für Kritik. Was seine Fürsprecher als unkonventionelle Form verteidigen, ist für seine Gegner ein gefundenes Fressen – Sprachskeptiker und innovativer Geist gegen banalen Sprachclown.
Zum verspotteten Außenseiter der Literaturszene macht Scheerbart sich endgültig mit der Veröffentlichung von „Das Perpetuum Mobile. Geschichte einer Erfindung" (1910). Dass Scheerbart überhaupt versuchte, 50 Jahre nach der Formulierung des Gesetzes zur Erhaltung der Energie, ein funktionsfähiges Perpetuum Mobile zu bauen, musste seinen Zeitgenossen äußerst befremdlich anmuten. War ihm die Erfindung seines „Perpeh" auch

---

[7] Vgl. Busse. In: Kaltefleiter 1998, 96f.
[8] Vgl. Rausch 1977, 204f.
[9] Vgl. Hermann. In: Kaltefleiter 1998, 134f.

missglückt, hielt ihn indes nichts davon ab, eine Geschichte über sein Scheitern zu verfassen. Und der junge Ernst Rowohlt unternahm alles, um selbst diesem Buch einen Verkaufserfolg abzuringen – gleich vielen anderen Werken Scheerbarts, verstaubte es als Ladenhüter in den Regalen.

3. Paul Scheerbart: Antimilitarist und Pazifist
3.1 Epochale Begleitumstände

Paul Scheerbart lebte und wirkte um die Zeit der Wende vom 19. zum 20.Jh. Es war die Zeit des wilhelminischen Untertanenstaates. Chauvinistisch und intolerant schickte sich das Deutsche Kaiserreich an, in den Zirkel der militärischen und wirtschaftlichen Großmächte vorzustoßen. Dieses Ziel gebot die Schaffung eines Kolonialreiches, denn Handel und Industrie bestimmten wie nie zuvor das politische Tagesgeschäft. In den 1880er Jahren lag der geografische Schwerpunkt noch in den afrikanischen Kolonien Kamerun, Togo, Deutsch-Südwestafrika und Deutsch-Ostafrika. Doch bis zur Jahrhundertwende hatte sich der deutsche Anspruch auch bis nach Asien ausgeweitet. Die gewaltsame Erschließung neuer Rohstoffquellen und Absatzmärkte wurde international als selbstverständliches Recht gehandhabt, denn nicht nur im Deutschen Reich, auch in den europäischen Nachbarstaaten herrschte ein aggressiver Imperialismus vor. So wurde der Anspruch auf einen Platz an der Sonne von den einzelnen Nationen ebenso vertreten, wie der Aufbau gewaltiger Militärapparate zur Durchsetzung der eigenen Interessen. Den Grundstein legte die immer rasanter fortschreitende Industrialisierung, die in den erreichten Ausmaßen für nicht möglich gehalten worden war und das gefährliche Feuer des Nationalismus weiter schürte. Mit dem ungeheuren industriellen und technischen Fortschritt gingen jedoch auch erhebliche soziale Probleme einher. Durch die viel effizientere Industrieproduktion sahen sich Bauern und Handwerker in ihrer Existenz bedroht und waren gezwungen, sich in den Städten nach neuer Arbeit umzusehen. Gleichzeitig benötigten die neu entstehenden Fabriken Arbeitskräfte, so wurden aus Bauern Industriearbeiter. Die Arbeiterschaft wurde im weiteren Verlauf in einer nie gekannten Weise ausgebeutet, was im 19.Jh. zur Gründung der ersten Gewerkschaften führte. Der rasche Machtzuwachs der Gewerkschaften veranlasste Reichskanzler Otto von Bismarck im Jahr 1878 dazu, gewerkschaftliche Bewegungen gesetzlich zu verbieten. Dem wachsenden Unmut der

Arbeiterklasse versuchte er mit der Einführung einer Sozialgesetzgebung zu begegnen, was aber nichts an der Entstehung einer völlig neuen Bevölkerungsschicht mit symptomatischen Problemen änderte: das Großstadtproletariat war in den Städten angekommen. Meinungsverschiedenheiten mit dem seit zwei Jahren regierenden Kaiser Wilhelm II. führten 1890 zu Bismarcks Entlassung. Im selben Jahr lief auch das sog. Sozialistengesetz aus, das über zwölf Jahre hinweg sozialistische Bewegungen und deren Aktivitäten im Deutschen Reich verbot und damit einem Parteienverbot gleichkam. Bereits zwei Jahre später gaben sich die neu entstandenen Gewerkschaften einen Dachverband, der Ruf nach politischer Partizipation der Arbeiter wurde lauter. Die unterschiedlichen Herkunftsgruppen aus Ungelernten, Angelernten und gelernten Arbeitern entwickelten ein zunehmendes Selbstverständnis als Arbeiterschaft und eigene Schicht der Gesellschaft, was nicht zuletzt auch durch die Abgrenzung anderer Bevölkerungsschichten begünstigt wurde. Ein Angestellter stufte sich höher ein als ein Arbeiter, auch wenn zwischen beiden nur minimale finanzielle Unterschiede lagen. Und das demokratieunwillige Großbürgertum der Industriellen wandte sich ohnehin lieber dem Adel mit seinem feudalen Normen- und Wertesystem zu.

Innenpolitisch war das Deutsche Kaiserreich zum Zeitpunkt des Regierungsantritts Wilhelms II. erstarrt. Die politische Emanzipation der Bevölkerung im Zuge der Industrialisierung stand im krassen Gegensatz zur autoritär-repressiven Kanzlerdiktatur. Nach Bismarcks erzwungenem Rücktritt durch den neuen Kaiser sollte auch ein neuer Kurs gefahren werden, um die Legitimationsbasis des Kaiserreiches zu festigen. Der Arbeitsschutz wurde ausgebaut und das Arbeitsrecht sowie die Gewerbeordnung reformiert. Die Grenzen der Reformfähigkeit zeigten sich aber am Beispiel des Dreiklassenwahlrechts[10]: während SPD, Linksliberale und das Zentrum die Reform im Reichstag mittrugen, scheiterte diese letztlich am Widerstand der in Preußen starken Konservativen und Nationalliberalen, welche die Interessen der Industriellen und Großgrundbesitzer vertraten. Das Auseinandertreten des politischen Kurses im Reich und in Preußen war folgenreich und führte 1893 zur Auflösung des Reichstages. Da die SPD mit den Neuwahlen erneut zulegen konnte, begannen die Konservativen Stimmung zu machen. Und auch Kaiser Wilhelm II., der ein persönliches Regiment anstrebte, wandte sich mit seinem Einfluss auf politische Personalentscheidungen zusehends gegen die Sozialdemokraten. Der neue Kurs und die Sozialreformen hatten nicht wie gewünscht die

---

[10] Der Begriff „Dreiklassenwahlrecht" bedeutet, dass die Wähler ein nach Steuerleistung abgestuftes Wahlrecht besaßen. Diese Form des Wahlrechts galt in Preußen von 1849 bis 1918.

Legitimationsbasis für eine Flottenausbau- und Weltpolitik erweitert, sondern durch die drohende Abwendung der Konservativen eher noch verringert. Ab 1893 begann die Sozialpolitik zu stocken und es kamen neue Gerüchte über Ausnahmegesetze und Staatsstreichpläne im Umfeld des Kaisers auf – ein Systemwechsel hin zu mehr politischer Partizipation des Volkes im deutschen Kaiserreich war weiter entfernt als je zuvor. Das Schlagwort des neuen politischen Führungsstils am Ende des 19.Jh. war „Sammlungspolitik". Schutzzollpolitik, Flottenbau, Weltpolitik und Kaisertum sollten gesellschaftlich integrierend wirken und Mittelstand und Bürgertum gegen die Sozialdemokraten einen. Allem voran die Flottenpolitik wirkte mobilisierend auf die Massen, wobei die propagandistischen Werbekampagnen des Nachrichtenbüros der Marine eine gewichtige Rolle spielten. Im Bürgertum traf die Flottenpolitik auf einen traditionsreichen Marineenthusiasmus und auch die Industrie sah ihre wirtschaftlichen Interessen im Schiffsbau vertreten. Die Seestreitkräfte wurden zum neuen Machtsymbol des Reiches aufgebaut und gaben dem ohnehin längst übersteigerten Nationalismus neuen Zunder.

3.2 Scheerbarts Gesellschaftskritik am Beispiel des Romans „Die große Revolution"

„Aus Wut bin ich Humorist geworden, nicht aus Liebenswürdigkeit!"

Seinem Freund Erich Mühsam galt Paul Scheerbart als der „lachende Verkünder der Selbstverständlichkeit des Friedens unter den Völkern". Er sah alles Irdische als übersteigert und nichtig an, angesichts der Größe und Schönheit der kosmischen Welt. Dieses Leitmotiv kehrt in seinen Werken immer wieder, so auch in seinem 1902 erschienenen Roman „Die große Revolution". Darin entwirft er das Modell einer erstrebenswerten Gegenwelt, indem er die Zustände in der realen Welt mit einem utopischen Gegenentwurf auf dem Mond kontrastiert. Scheerbart spricht in seinem satirisch-utopischen Roman u.a. gesellschaftliche Verwerfungen wie das deutsche Autoritätsdenken und die allgemeine Ausbeutung der Arbeiterschaft an, die erst in den 1930er Jahren wieder von den Mitgliedern der Frankfurter Schule unter der Bezeichnung „Kritische Theorie" diskutiert werden sollen. Maßlose Verachtung brachte er jedoch dem Krieg entgegen. Das sich gegenseitige Abschlachten unter Brudervölkern war Scheerbart schlichtweg unbegreiflich. Hinweise auf die Absurdität des Krieges finden sich in vielen Werken Scheerbarts, besonders tritt seine pazifistische Einstellung aber im Mondroman hervor. Paul Scheerbart führt die Mondbewohner ein, deren einziges Bestreben es ist, durch immer ausgefeiltere Fernrohre das gesamte Weltall beobachten zu können. Zehntausende sind auf dem gesamten Erdtrabanten installiert. Die Mondbewohner sind sämtlich Friedensfreunde, sie leben in völliger Harmonie miteinander und mit ihrem Planeten. Gefühle wie Ärger oder Wut, bei denen die Mondbewohner grün anlaufen, sind verpönt. Durch eine wohltätige Technik und vollkommene Natur von der Sorge um das tägliche Überleben enthoben, widmen sich die Mondbewohner ganz der Erforschung des Weltraumes. Besonderes Interesse zeigen die Mondmänner, so ihre Bezeichnung, für den nahesten Planeten, die Erde und ihre Bewohner, die Erdmänner. Dabei erscheint die Veränderung der Planetenoberfläche durch die Erdmänner und deren technische Weiterentwicklung den Reiz der Beobachtung auszumachen. Angewidert vom mordenden Treiben der Erdbewohner, strebt ein Teil der geistig fortgeschrittenen Mondbewohner einen Boykott der Erde an. Die sogenannten Weltfreunde sind der Beobachtung der Erdmänner überdrüssig, da diese ihnen als niedere Wesen gelten, als natürliche Mängelwesen, die in einem kriegerischen Zustand mit sich selbst und der Natur leben. Die Weltfreunde streben danach, ein riesiges Fernrohr, das den Durchmesser des Mondes haben soll, zu errichten. Mit Hilfe dieses gewaltigen Teleskopes wollen sie noch weiter in die Tiefen des Weltraumes sehen, kosmische Wunder wie die Geburt von Sternen erforschen und ihr Weltbild vergrößern. Die große Revolution bezeichnet eine geistige Revolution, die sich nicht in Gewalt und Totschlag äußert, sondern in Beratungen und Einigungen. Mafikâsu, der Anführer der Weltfreunde, bringt nun also folgenden Vorschlag vor den großen Ratskrater (eine Art Parlament nach Vorbild einer Rätedemokratie): wenn binnen 50 Jahren nicht mindestens drei Staaten auf der Erde ihre Armeen abschaffen, sollen sich die Mondmänner von der Erde abwenden und das große Fernrohr bauen. Der Antrag wird zuerst abgelehnt, in einer zweiten Abstimmung jedoch angenommen, da in der Zwischenzeit auf der anderen Seite des Mondes, der sog. Jenseitsseite, große Glassteinvorkommen und sogar ganze gläserne Gebirge sowie eine riesige natürliche Linse entdeckt wurden, die zum Bau des großen Teleskopes benötigt werden. So vergehen 50 Jahre, in denen neue teils spektakuläre Beobachtungen von den Gestirnen gemacht werden, welche die Sehnsucht nach dem großen Teleskop und den allgemeinen Unmut des Wartens noch mehr steigern. Nach Ablauf der Frist hatten jedoch lediglich zwei Staaten der Erde das

Militärwesen abgeschafft, die Arbeiten an dem großen Rohr begannen. Nach über 1300 Jahren war das große Teleskop endlich fertig gestellt. Den Mondmännern boten sich neue fantastische Einsichten in die Wunder des weiten Alls und fühlten sich dadurch mit neuen Lebenskräften gestärkt, worüber die Beobachtung der Erde schließlich ganz vergessen wurde.

Die historische Situation um die Jahrhundertwende wird in fantastischen Überhöhungen dargestellt, wobei sich der Text in drei Themen untergliedern lässt: Demokratie, Kunst und Kultur und Militarismus.

3.2.1 Demokratie

Demokratie stellt Scheerbart anhand seiner Mondgesellschaft als nachahmenswerte Regierungsform dar. Vor allem die Ratsversammlungen unterscheiden sich deutlich vom irdischen Parlamentarismus:

„Die hundert Ratsherren, die alljährlich und zuweilen auch öfter im Ratskrater über die allgemeinen Angelegenheiten der Mondvölker sich beraten und schließlich für alle Beschlüsse fassen, sitzen in drei weiten Kreisen auf Amethystsäulen [...]"[11]

Scheerbart schwebt eine Art Weltparlament vor, in dem aber nicht politische Richtungen vertreten werden, sondern alle Völker des Planeten. Die Fäden der Legislative, Exekutive und Judikative laufen hier zusammen, eine Gewaltenteilung existiert praktisch nicht. Entscheidungen werden auf friedfertige Weise in Diskussionen und Abstimmungen herbeigeführt. Verpflichtet sind die 100 Ratsherren lediglich ihrer Volksbasis, von der sie auch entsendet werden und deren Interessen sie vertreten. Überhaupt ist den Mondmännern jegliche Gewalt fremd, selbst die angestrebte Revolution würde ohne gewaltsame Mittel durchgeführt:

„Die große Revolution, die auf dem Monde stattfinden soll, wird niemals eine von den Massen dirigierte Revolution sein. Von derartigen Revolutionen träumen wohl zuweilen die Erdmänner, uns aber ziemt solch kopfloses Vorgehen nicht. Wir haben's doch nicht nötig, uns gegenseitig an die Kehle zu packen"[12].

---

[11] Scheerbart 1902, 29.
[12] Ebd. 108.

Die einzig erkennbare Sozialstruktur wird durch einzelne Mondmänner markiert, die besondere Fähigkeiten haben oder besonders geachtet werden – sie nehmen die Funktion von Meinungsführern ein. Scheerbarts Vorstellung einer Demokratie gleicht damit sehr dem Modell der Räterepublik, wie es die Träger der Novemberrevolution von 1918 für das Deutsche Reich nach dem Ende des I. Weltkrieges anstrebten.

3.2.2 Kunst und Kultur

Obwohl die Erdmänner im Allgemeinen zu den niederen Lebewesen gerechnet werden müssen, scheint es unter ihnen doch einige Ausnahmen zu geben. Zu diesem Ergebnis kommen die Mondbewohner jedenfalls nach der Auswertung ihrer Fotografien von der Erde:

„…andrerseits muß es aber nach den photographischen Buchseiten, die für uns jetzt endlich lesbar geworden sind, auch Erdmänner geben, die von der Welt mehr als das Eß- und Trinkbare wahrnehmen"[13].

Um ihre mangelhafte Beschaffenheit auszugleichen, denken einzelne intelligentere Erdmänner oft über die Verbesserung des irdischen Lebens nach – so die Vermutung der Mondmänner. Was dabei zum Vorschein kommt, wird auf der Erde Kunst genannt:

„Jedoch die Erdleute erregen immer wieder ihre Phantasie und schaffen sich eine andere bessere Welt in dieser. Wohl tun das nur die feineren Erdleute – aber diese müssen doch da sein – sonst könnten wir auf der Erde nicht Malereien, Steinbauten, Standbilder, Dichtungen und Musikwerke in so großer Zahl entdecken […]"[14].

Den Anlass zur Kunstschaffung bietet nicht der ästhetische Sinn oder die kulturelle Reife des Menschen. Allein die Weltflucht stellt das auslösende Moment dar, da die realen Verhältnisse keine Möglichkeit zur Persönlichkeitsentfaltung zulassen. Die unterdrückte Leidenschaft des Menschen entlädt sich in expressiven Kunstwerken:

„Während die Mondmänner infolge ihrer vollendeten Natur, die sich ohne weiteres durch die bloße Luftzufuhr am Leben erhält, in den Hauptzügen ziemlich gleichartig sind, ist die

---
[13] Ebd. 38f.
[14] Ebd. 39.

so heftig nach Erhaltung ringende Lebensart auf der erde imstande, einen viel größeren Reichtum an Entwicklungsformen zu äußern"[15].

Deshalb gibt es unter den Mondbewohnern auch keine Maler, Dichter oder Komponisten. Der ganze Planet mit seinen Grotten, Kratern und Bewohnern ist Gesamtkunstwerk, eine Trennung zwischen Alltag und Kunst existiert praktisch nicht. Alles Treiben der Mondbewohner ist gleichsam künstlerisches Treiben, von der Art sich fortzubewegen, oder zu kommunizieren, bis zum Bau neuer technischer Apparate. So wie einzelne Erdbewohner mit Hingabe an ihren Kunstwerken arbeiten, so widmen sich die Mondmänner in leidenschaftlicher Aufopferung der Lösung technischer Probleme. Selbst ein Riesenfernrohr wird mit künstlerischer Kreativität geplant und gebaut. An dieser Stelle des Romans lassen sich durchaus Ähnlichkeiten zur Technikeuphorie herauslesen, die um die Jahrhundertwende im Deutschen Reich herrscht.

3.2.3 Militarismus

Der leicht auszumachende Themenschwerpunkt des Romans liegt auf dem Militarismus. Scheerbart zieht alle Register, um sich als Pazifist ersten Ranges zu beweisen:

„Wir können auf der Erde nur dann erträgliche Zustände haben, wenn wir den für unsre Kultur blamablen Militarismus zerbrechen [...]. Es muß so weit kommen, daß man im Soldaten die Wurzel alles irdischen Übels sieht. Es muß zum guten Tone gehören, vom Soldaten mit derselben Entrüstung zu sprechen, mit der man bislang vom gemeinen Raubmörder sprach. Um diese Stimmung zu erzeugen, ist zunächst die gesamte Tagespresse, das gesamte Schulwesen und auch das Bekleidungswesen in diesem Sinne zu beeinflussen"[16].

Besonders nationalistischer Pathos und der Militärwahn, der von der Gesellschaft durch alle Schichten hindurch mitgetragen wird, scheinen den Dichter zu seinen poetischen Gegenentwürfen animiert zu haben. Die antimilitaristischen Passagen stellen faktisch einen Gegenpol zum Hurra-Patriotismus des wilhelminischen Staates dar. Er scheut sich nicht davor, Kriegstreiben mit Kannibalismus zu vergleichen und Soldaten als abscheuliche „kostümierte Massenmörder"[17] zu bezeichnen. Interessant erscheint außerdem, welche

---

[15] Ebd. 37.
[16] Ebd. 79.
[17] Ebd. 48.

Bedeutung er einer freien Presse, der vierten Macht in modernen Staaten, schon damals für den gesamten Meinungsbildungsprozess des Volkes beimisst:

„…die andern Zeitungen […] verstanden es, ihre Leser durch kriegerische Alarmartikel und tägliche Mordsgeschichten so zu verrohen, daß es in kurzem gradezu als Vaterlandsverrat betrachtet wurde, wenn jemand seine Kinder nicht schon im zarten Alter von zehn Jahren militärisch drillen ließ"[18].

Die Verlegung der Handlung auf den Mond und die Betrachtung der herrschenden Zustände „von außen" sind typische Stilmittel des Satirikers Scheerbart; sie verdeutlichen die Absurdität von zur Normalität verkommenen unnatürlichen Zuständen; durch die große Entfernung verschiebt sich zudem die Dimension der Ereignisse auf der Erde und lässt das Ameisenhafte vieler irdischer Errungenschaften hervortreten:

„Wir sehen, wie der Erdmann Schienennetze und Drahtnetze um den Erdball spinnt, wir sehen auch den Erdmann große Steinmassen an vielen Punkten der Erde zusammentragen und auftürmen und in diesen Steinmassen eine Überfülle von Licht zur Nachtzeit erzeugen. Aber all diese Tätigkeit des Erdmanns genügt nicht, um ihn mit einer höheren Stufe von Geistern zu vergleichen. Demnach können wir vorläufig noch nicht verlangen, daß der Erdmann seinen niedrigen Mordinstinkten entsagen soll – er gehört zur Klasse der sogenannten Bestien, und wir haben kein Recht, von diesen mehr zu verlangen, als ihre jämmerliche Gewalts-Natur leisten kann"[19].

Trotz aller Zivilisation und aller technischer Errungenschaften steckt der kulturelle Fortschritt der Menschheit noch in den Kinderschuhen. Der Mensch, der sich gerne selbst als erstes unter allen Lebewesen sieht, hat nach Ansicht Paul Scheerbarts seinen instinktgeleiteten Urzustand noch nicht annähernd überwunden, da er noch feste Nahrung zum Überleben benötigt. Mit einer „höheren Stufe von Geistern" sind die Erdbewohner daher nicht zu vergleichen, denn sie folgen nach wie vor ihrem niederen „Mordinstinkt". Interessant erscheint, dass Scheerbart dem Menschengeschlecht die *ratio* und damit die Fähigkeit zur Weiterentwicklung nicht gänzlich abspricht, wenn von Vorläufigkeit die Rede ist. Anderseits nutzt der Mensch seine Vernunft lediglich, um sich noch perfidere und effektivere Tötungsmethoden zu erdenken, mit denen es sich hinmorden lässt. Durch die makabere Beschreibung der Nahrungsaufnahme wird der barbarische Entwicklungsstand des Menschen verdeutlicht:

---

[18] Ebd. 97.
[19] Ebd. 31.

„Wir wissen, daß die Erdmänner auf einer sehr niedrigen Entwicklungsstufe stehen; sie bedürfen noch fester Nahrung – sie ernähren sich dadurch, daß sie verwandte Lebewesen als Leichen in ihren Körper stopfen und da vermodern lassen. Wir nennen das den Bestienzustand. Die Erdmänner sind aber viel schlimmer als gewöhnliche Bestien – sie richten einzelne ihrer Stammesgenossen dazu ab, andre Stammesgenossen durch Schuß-, Schlag- und Sprengwaffen zu töten, um ihnen das, was sich diese Brüder geschaffen haben, fortzunehmen".[20]

Die Bestie Mensch tötet artverwandte Lebewesen nicht nur um des Überlebens Willen, sie tötet auch Ihresgleichen, um sich zu bereichern. Die Habgier wird als Motiv des Tötens in den Fokus gerückt – Mord aus niederen Motiven lautet der scheerbart'sche Richterspruch. In diesem Textabschnitt versteckt sich zudem eine leise Kritik an den Machtinhabern der Obrigkeit, die Andere dazu abrichten, für ihre Zwecke zu töten.

Neben der aggressiven Wesensbeschaffenheit des Menschen kritisiert Scheerbart auf satirische Weise auch die vorherrschende Doppelmoral der Gesellschaft. Aus einer humorig wirkenden Erzählperspektive betreibt der Autor eine scharfe Zeitkritik. In einem Zeitungsartikel lesen die entsetzten Mondbewohner durch ihre Teleskope:

„Wir leben auf der Erde in einem unaufgeklärten Jahrhundert. Unsere Technik macht täglich die größten Fortschritte. Nur unsere moralischen Anschauungen wollen sich immer noch nicht weiter entwickeln. Die Völker kleben noch an unzähligen Vorurteilen – eines der größten ist aber, daß wir uns scheuen, das Fleisch frisch getöteter gesunder Menschen zu verspeisen. Ein lächerliches Vorurteil. In vielen blutigen Kriegen, die wird jetzt gegen die wilden Völker und gegeneinander führen, werden so viele Menschen getötet, die, trotzdem sie ganz gesund vor ihrem Tod waren, nach Empfang der Todeswunde ohne weiteres in die bereitgehaltenen Erdgräber geworfen werden und dort verfaulen müssen. Wir sind der Ansicht, daß ein derartiges Wegwerfen gesunder Fleischmassen ein himmelschreiendes Unrecht gegen unsere so oft in sozialer Not befindlichen Volksmassen ist"[21].

Scheerbart weist in ganz eigener Manier auf die Absurdität des Krieges hin. Mit scheinbarem Ernst macht er Vorschläge an die Kriegsführenden, wie die Probleme der Bevölkerungsentwicklung in zweierlei Hinsicht zu lösen seien:

„Mit Hilfe unsrer vortrefflichen Waffen können wir in einer Sekunde Tausende von gesunden Wilden niederschießen und kurz und klein schlagen. Wenn wir uns nicht genieren, dieses zu tun, so brauchen wir uns auch nicht zu genieren, die Getöteten zu verspeisen"[22].

---

[20] Ebd. 32.
[21] Ebd. 48f.
[22] Ebd. 49.

Die Getöteten brauchen selbst keine Nahrung mehr und dienen dem hungernden Volk als Nahrung.[23] Diese Stelle im Text ist des Weiteren ein passender Beleg für die visionäre Hellsichtigkeit des sozialkritischen Autors, der sieben Jahre später faktisch auch den Luftkrieg voraussagen wird mit der Broschüre: „Die Entwicklung des Luftmilitarismus und die Auflösung der europäischen Land-Heere, Festungen und Seeflotten" (1909). Darin plädiert Scheerbart für die völlige Abschaffung der Land- und Seestreitmächte, da die Flugtechnik, angesichts ihrer raschen Entwicklung, zukünftig allein im Stande sein wird, die Vernichtungsarbeit zu erledigen. Aus der Luft abgeworfener Sprengstoff würde binnen kürzester Zeit ganze Heere vernichten.

Es waren Spott und Humor, die Paul Scheerbart halfen, nicht an der von Hunger und Armut geprägten Realität zu verzweifeln. Gleichzeitig diente ihm die Satire als schärfste Waffe zur Anprangerung sozialen Elends. Wenn die Volksmassen erst erkennen würden, wie lächerlich und sinnlos Krieg und Machtstreben sind, dann wäre der Weg für eine friedliche Revolution geebnet:

„Man vergesse nicht, was ein einziger Mann vermag, der über die Waffen eines allzeit schlagfertigen Spottes verfügt. Und diese Waffen des Spottes müssen den Völkern in die Hand gedrückt werden. Spöttisch lachende Völker werden unwiderstehlich sein"[24].

Wie Scheerbart das in etwa verstanden wissen wollte, darüber klärt uns eine Anekdote aus Erich Mühsams „Unpolitischen Erinnerungen" auf:

„Er las brillant, aber plötzlich übermannte ihn sein eigener Humor. Er fing zu wackeln an, er fing zu prusten an, und dann brach das Lachen mit einer solchen Urgewalt hervor, daß an kein Lesen mehr zu denken war. Da stand ein deutscher Dichter auf dem Podium und lachte, schüttelte sich, brüllte vor Lachen, und der ganze Zuhörerraum war angesteckt von dem lachenden Dichter, bog sich und krähte"[25].

Während des I. Weltkriegs ist Paul Scheerbart gestorben. Aus Protest gegen den Krieg hatte er jegliche Nahrung verweigert, bis er 1915, im Alter von 52 Jahren, den freiwilligen Hungertod starb. Es war wohl der letzte verzweifelte Versuch, seine Mitmenschen wachzurütteln und auf die Sinnlosigkeit des Krieges hinzuweisen.

---

[23] Scheerbart handelt hier gleich dem Vorbild Jonathan Swifts („Gullivers Reisen"), der im Jahr 1729 eine Schrift mit ähnlichen Lösungsvorschlägen veröffentlichte, wie dem Hungerproblem in Irland und der Ignoranz desselben durch die Engländer zu begegnen sei (Vgl. Swift. In: Schlösser 1979, 219ff.).
[24] Scheerbart 1902, 80.
[25] Mühsam In: Schardt/ Steffen 1996, 144.

4. Exkurs: Glasarchitektur

Im Jahr 1914 bot Scheerbart seinem Verleger und Freund Herwarth Walden ein Buchmanuskript an, in dem die universellen architektonischen Verwendungsmöglichkeiten des Glases beschrieben wurden. Das Buch stellt weder ein fundiertes Sachbuch noch eine kosmische Ausschweifung dar. Von den in seinen Romanen ausführlich aufgeführten Fantasien nahm Scheerbart in die „Glasarchitektur" (1914) nur jene auf, die seiner Meinung nach in absehbarer Zukunft realisierbar seien. Es ist eine nüchterne, zu Ernsthaftigkeit angehaltene, bis ins Detail gehende Erörterung der Möglichkeiten des Glasbaus, die der Schriftsteller verfasste. Zukunftsträchtige Ideen paaren sich mit der detaillierten Erläuterung von Fachfragen wie Heizung, Klimatisierung und Innenausstattung.

Das Thema Glasarchitektur hat den Schriftsteller Scheerbart zeit seines Lebens beschäftigt, wobei er es mit wachsendem Interesse verfolgte. Jahrhundertelang wurde Glas fast ausschließlich für sakrale Zwecke verwendet, als Dekoration und religiöse Belehrung in den Kathedralen. Für Scheerbart bedeutete das Glas aber Leichtigkeit und Transparenz, die jede Grenze zwischen Innen und Außen überspielt: das genaue Gegenteil von Ziegel und Stein, dem Backsteinbazillus, der, wie ein undurchdringlicher Panzer wirkend, den Menschen von der Welt abschirmt:

„Unsere Kultur ist gewissermaßen ein Produkt unsrer Architektur. Wollen wir unsre Kultur auf ein höheres Niveau bringen, so sind wir wohl oder übel gezwungen, unsre Architektur umzuwandeln. Und dieses wird uns nur dann möglich sein, wenn wir den Räumen, in denen wir leben, das Geschlossene nehmen"[26].

Die Glaswände in Scheerbarts Architekturfantasien sollten aber nicht einfach nur farblos und zweckmäßig sein: er propagierte bunt ornamentiertes Glas, das die Sonnenstrahlen freundlicher aussehen lässt und dazu eine variabel gestaltete Bauweise, weg vom „Senkrechten im Bau"[27]. Es war sein innigstes Anliegen, der europäischen Architektur ihren militaristischen Uniformcharakter auszutreiben. Diese Forderung ist natürlich eine Kampfansage an die Neue Sachlichkeit, der er nicht das geringste Wohlwollen entgegenbringen konnte.[28] Verspielte Formen in Verbindung mit buntem Glas sollten eine „neue Wärme" verströmen und den Menschen sensibilisieren:

---

[26] Scheerbart 1914, Kap. 1.
[27] Ebd. Kap. 40.
[28] Ebd. Kap. 9.

„Die Erdoberfläche würde sich sehr verändern, wenn überall die Backsteinarchitektur von der Glasarchitektur verdrängt würde. Es wäre so, als umkleidete sich die Erde mit einem Brillanten- und Emailschmuck. Die Herrlichkeit ist garnicht auszudenken. Und wir hätten dann auf der Erde überall Köstlicheres als die Gärten aus tausend und einer Nacht. Wir hätten dann ein Paradies auf der Erde und brauchten nicht sehnsüchtig nach dem Paradiese im Himmel auszuschauen"[29].

Inspiration gaben ihm die gläsernen Gewächshäuser der botanischen Gärten in Berlin oder teilverglaste Bauwerke wie Einkaufspassagen und Bahnhöfe, die zu den viel bestaunten Neuerungen seiner Zeit gehörten. Die frühesten Beschreibungen gläserner Bauwerke finden sich bereits in seinem Erstlingswerk „Das Paradies. Die Heimat der Kunst", wobei seine „Blinkeburg" und das „Strahlgebäude" eher an Richard Wagners „Gralsburg" erinnern, als an die realen Glasbauten der damaligen Zeit. Auch in den folgenden Romanen schildert Scheerbart nur hochgradig fiktive Glasbauten. In „Die Seeschlange" (1901) entwirft er die gläsernen Innenräume eines Tempels, der allerdings keine Menschen, sondern Götter beherbergt. In „Die große Revolution" (1902) skizziert er dann eine natürlich entstandene Grotte aus Kristallen, die den Mondbewohnern als Parlament dient. Und in Liwuna und Kaidoh" (1902) beschreibt er einen Architektursern, mit dem sich die Hauptfigur, eine Seele, am Ende vereinigt. Es wird offensichtlich, dass Scheerbart bei diesen Architekturbeschreibungen noch nicht an eine mögliche Realisation gedacht hat. Noch bleiben seine Glasbauten reine Phantasiegebilde. 1913 lernt er den Architekten Bruno Taut kennen, der ebenfalls im „Sturm" Herwarth Waldens publiziert. Die Vermutung liegt nahe, dass Taut den Schriftsteller dazu ermutigte, sich literarisch zu seinen Bauideen zu bekennen. Scheerbart entwarf ein Glashaus, das Taut auf der Kölner Werkbundausstellung von 1914 realisierte. Taut baute das Glashaus im Namen des Dichtes, der wiederum sein Buch dem Architekten widmete. Die Begegnung mit Bruno Taut mag Scheerbart dazu motiviert haben, seine architektonischen Visionen des Glasbaus in sachlicher Form darzustellen.

Ob solche Architektur wirkliche bessere Menschen hervorbringt, sei dahingestellt. Durch das Zusammenspiel von Farbe und Licht, sowie Spiegelungs- und Bewegungseffekte soll der Bewohner der transparenten Glashülle beständig mit wechselnden optischen Reizen konfrontiert werden. Scheerbart schwebte eine Art Natursensibilisierung vor, die der Mensch durch die Dezentralisierung seiner Sinneseindrücke erfahren würde. Es fände eine neue Beseelung des Menschen statt, der die Kraft gewänne, für ein Dasein in Schönheit und Harmonie miteinander und mit der Welt einzutreten einzutreten:

---

[29] Ebd. Kap. 18.

„Der Engel, der Euch trägt, Eure Erde ist eine Gottheit, die von euch geschmückt werden will. Ihr seid die Organe Eures Sterns Erde […]. Sie will als Weltenwesen geschmückt sein und Euch hat sie dazu alle Gaben gegeben, Leidenschaft und Liebe, Phantasie und Willen"[30].

5. Schlussbetrachtung

Nachdem seit 1985 die Rechte am Werk Paul Scheerbarts wieder frei sind, avanciert der Berliner Bohemien vom Geheimtipp zum Liebling deutscher Verleger. Eine wahre Renaissance hat eingesetzt, vor allem in kleineren Verlagen wurden in jüngster Zeit vier seiner Romane neu aufgelegt, die Dissertationen häufen sich. Bekannt ist der Sonderling Paul Scheerbart vor allem aus den Memoiren seiner Zeitgenossen. Ob liebenswerter Träumer oder ernstzunehmender Visionär: sie zeichnen das Bild eines widersprüchlichen Charakters, dem es an Ideenreichtum und Trinklaune nie mangelte. Über 30 Bücher hat er in seiner Schaffenszeit veröffentlicht, seine Werke lassen sich am ehesten als astrale Satiren bezeichnen, fiktive Gesellschaftskritiken eines visionären Schriftstellers, der sich selbst als Humorist bezeichnete und dem Lachen als Medizin galt. Hinter ulkigem Klamauk verbirgt sich oft auch ein ernsthaftes Nachdenken über reale soziale und politische Probleme, deren Ursprung Scheerbart als unfassbar absurd galt. Die Flucht in fantastische Welten ist deutlicher Ausdruck für das Zerfallensein Scheerbarts mit der Realität. Dennoch flüchtete er sich nicht in einen von Problemen befreiten literarischen Raum. Die erfahrbare und beschreibbare Wirklichkeit rückte er, entgegen der gängigen Realitätsflucht vieler Schriftstellerkollegen, nicht in den Hintergrund, er hängte ihnen lediglich einen astralen Mantel um.

Die meisten Stücke Scheerbarts sind als satirische Seitenhiebe auf die Gesellschaft des wilhelminischen Kaiserreiches konzipiert: Sie kritisieren Ideologie und Institutionen des Bürgertums. Vor allem Profitgier, der Ehrbegriff, das Sicherheitsstreben, das Militär und der Beamtenstaat sind Ziel von Scheerbarts literarischen Attacken. Ganz und gar unpreußisch, verweigerte er sich jeglicher Uniformierung und Gleichförmigkeit.

Dem Streben nach äußerer Formschönheit schien Scheerbart auf provokante Weise widersprechen zu wollen. Er vermischte Gattungen, streute Umgangssprache ein, erfand

---

[30] Taut. In: Kaltefleiter 1998, 501f.

neue Wörter und verwischte die Grenzen zwischen Satire und Ulk. Die Forderung nach dem „Neuen" war sein oberstes Prinzip, unbeirrbar durchflocht und verknüpfte er Genres, verkehrte alles Geltende ins Gegenteil. Scheerbart spielte mit der Sprache, wie ein Musiker auf seinem Instrument. Jedoch spielte er nicht nach Noten, er schlug die Tasten und Saiten nach belieben – mal klang das wie eine Offenbarung und mal wie Katzenjammer.

Paul Scheerbart gehört nicht in den Kreis der ganz Großen, wo ihn seine Bewunderer gerne sähen. In dem Maße, wie Scheerbart über die Gesellschaft spottete, wurde auch über ihn gespottet. Sein Schicksal war und ist es wohl, dass einige ihn zu hoch schätzen, andere aber viel zu niedrig einstufen. Scheerbart ist unbestritten ein literarischer Grenzgänger, allerdings schoss er des Öfteren über sein Ziel hinaus und verwickelte sich in Absurditäten und spaßigem Unsinn. Die oft gebrauchte Bezeichnung grotesk trifft daher auch am ehesten den Stil Paul Scheerbarts. Grotesk in der eben dargestellten Perspektive, grotesk aber auch, verstanden als ironische Distanzierung von der Wirklichkeit und dem gleichzeitigen Versuch, sie sich verständlich zu machen.

Kurzum: Es ist die Kritik an der Verrohung des Menschen, die Scheerbarts geistesgeschichtliche Stellung für jene zerrissene Epoche zwischen Naturalismus und Expressionismus ausmacht. Seine architektonischen Visionen und utopischen Romane sind vor allem eines: harsche Kritik an der entarteten Gesellschaft und der Suche nach Möglichkeiten zur Sensibilisierung und Befriedigung des zukünftigen Menschen.[31]

„Die Zeit wird kommen, die Scheerbarts Lachen wieder lernen wird, das große und befreiende Lachen, das aus dem weiten glücklichen Weltall stammt, wo es keine Not und keine Kriege gibt. Es wird die Zeit sein, die auch Scheerbarts Bücher wieder drucken, lesen und mit ernsthafter Heiterkeit genießen wird"[32].

---

[31] Vgl. Rausch (Hrsg.) 1986, 152ff.
[32] Mühsam 1977, 81.

6. Literatur

Busse, Carl: Literaturkunst. In: Kaltefleiter, Paul (Hrsg.): Über Paul Scheerbart III. 100 Jahre Scheerbart-Rezeption in drei Bänden. Band III: Rezensionen, Artikel zu Leben und Werk. Paderborn 1998, S. 95-98.

Fechter, Paul: Geschichte der deutschen Literatur. Vom Naturalismus bis zur Literatur des Unwirklichen. Leipzig 1938.

Fischer-Harriehausen, Herrmann: Auf der Suche nach Lemurien. Zur Geschichte des Expressionismus von Paul Scheerbart bis Gottfried Benn. Berlin 1998.

Hammer Klaus: Von Jahrhundertwende zu Jahrhundertwende. Der Berliner Autor Paul Scheerbart. Ein Außenseiter und Außendenker. In: Berliner LeseZeichen. 01/00, Edition Luisenstadt 2000.

Hermann, Georg: Lustige Bücher. In: Kaltefleiter, Paul (Hrsg.): Über Paul Scheerbart III. 100 Jahre Scheerbart-Rezeption in drei Bänden. Band III: Rezensionen, Artikel zu Leben und Werk. Paderborn 1998, S. 135-135.

Kasties, Bert (Hrsg.): Paul Scheerbart. Gerettet. Nilpferdgeschichten und ähnliche Merkwürdigkeiten. Aachen 1997, 138.

Lörwald, Berni/ Schard, Michael M. (Hrsg.): Über Paul Scheerbart I. 100 Jahre Scheerbart-Rezeption in drei Bänden. Band I: Einführungen, Vorworte, Nachworte. Paderborn 1992.

Mühsam, Erich: Namen und Menschen. Unpolitische Erinnerungen. Berlin 1977.

Mühsam, Erich: Namen und Menschen. Unpolitische Erinnerungen. In: Schardt, Michael M./ Steffen, Hiltrud (Hrsg.): Über Paul Scheerbart II. 100 Jahre Scheerbart-Rezeption in drei Bänden. Band II: Analysen, Aufsätze und Forschungsberichte. Paderborn 1996, S.138-144.

Müller-Holm, Ernst: (Ohne Titel). In: Kaltefleiter, Paul (Hrsg.): Über Paul Scheerbart III. 100 Jahre Scheerbart-Rezeption in drei Bänden. Band III: Rezensionen, Artikel zu Leben und Werk. Paderborn 1998, S. 27-30.

Rausch, Mechthild (Hrsg.): Paul Scheerbart. Das graue Tuch und zehn Prozent Weiß. München 1986.

Rausch, Mechthild: Von Danzig ins Weltall. Paul Scheerbarts Anfangsjahre (1863-1895). München 1997.

Scheerbart, Paul: Glasarchitektur. München 1971.

Scheerbart, Paul: Die große Revolution. Ein Mondroman und Jenseitsgalerie. In: Suhrkamp Phantastische Bibliothek, Bd. 159, 1985.

Schlösser, Anselm (Hrsg.): Jonathan Swift: Ausgewählte Werke. Satiren, Zeitkommentare, Politische Schriften, Gullivers Reisen. Bd. 3, Berlin 1972.

Swift, Jonathan: Bescheidener Vorschlag, wie man verhüten kann, daß die Kinder armer Leute in Irland ihren Eltern oder dem Lande zur Last fallen, und wie sie der Allgemeinheit nutzbar gemacht werden könnten. In: Schlösser, Anselm (Hrsg.): Jonathan Swift. Respektlose Schriften. Leipzig 1979, S, 219-229.

Taut, Bruno: Der Architekt Paul Scheerbart. In: Kaltefleiter, Paul (Hrsg.): Über Paul Scheerbart III. 100 Jahre Scheerbart-Rezeption in drei Bänden. Band III: Rezensionen, Artikel zu Leben und Werk. Paderborn 1998, S. 500-503.

Vollmer, Hartmut. In: Kaltefleiter, Paul (Hrsg.): Über Paul Scheerbart III. 100 Jahre Scheerbart-Rezeption in drei Bänden. Band III: Rezensionen, Artikel zu Leben und Werk. Paderborn 1998, S. 36-38.

7. Anhang

I. Werke

Das Paradies. Die Heimat der Kunst (1889)

Ja...was...möchten wir nicht Alles! (1893)

Tarub, Bagdads berühmte Köchin (1897)

Ich liebe Dich! (1897)

Der Tod der Barmekiden (1897)

Na Prost! (1898)

Rakkox der Billionär (1900)

Die Seeschlange (1901)

Die große Revolution (1902)

Immer mutig! (1902)

Kometentanz (1903)

Der Aufgang zur Sonne (1903)

Machtspäße (1904)

Revolutionäre Theaterbibliothek (1904)

Der Kaiser von Utopia (1904)

Don Miguel de Cervantes Saavedra (1906)

Münchhausen und Clarissa (1906)

Jenseits-Galerie (1907)

Kater-Poesie (1909)

Die Entwicklung des Luftmilitarismus (1909)

Das Perpetuum mobile (1910)

Astrale Novelletten (1912)

Das große Licht (1912)

Lesabéndio (1913)

Das graue Tuch und zehn Prozent Weiß (1914)

Glasarchitektur (1914)